Franz Brandl

Top-Drinks
mit Alkohol

- Fruchtig, feurig, fantasievoll:
  Cocktails und Longdrinks

- Die besten Rezepte
  vom Mixprofi

Inhalt

Das Angebot an Spirituosen, Likören und anderen Zutaten für alkoholische Mixgetränke ist mittlerweile beinahe unüberschaubar. Ebenso vielfältig sind die Rezepte für Cocktails und Longdrinks, die je nach Anlass und Geschmack süß, herb, exotisch oder fruchtig sein können.

Tipps zur Zubereitung
Vermischen im Rührglas 4
Schütteln 4
Zubereitung im Elektromixer 4
Barutensilien 6
Gläser 6
Zubehör 7

Warenkunde
Anis bis Brandy 8
Cachaça bis Champagner 9
Cognac bis Genever 10
Gin bis Likör 11
Marc bis Port 12
Rum bis Sirup 13
Tequila bis Scotch Whisky 14
Irish Whiskey bis Wodka 15

Top-Drinks – so wird's gemacht

Berühmte Klassiker 16
Internationale Top-Drinks 32
Feine Happy-Hour-Drinks 40
Fruchtige Tropical Drinks 62
Moderne Kreationen 74
Starke Night-Cups 104
Heiße Drinks 108

Über dieses Buch 114
Rezepte- und Sachregister 115

Zeichenerklärung

① Barlöffel
② Elektromixer
③ Boston-Shaker
④ Eiswürfel
⑤ Crushed Ice
⑥ Holzstößel
⑦ Longdrinkglas
⑧ Stielglas
⑨ Fancyglas
⑩ Cocktailschale
⑪ Tumbler
⑫ Glas für Heißgetränke

Zur raschen Übersicht sind bei allen Rezepten die benötigten Zutaten zusätzlich zum Text auch bildlich dargestellt.

Tipps zur Zubereitung

Vermischen im Rührglas

Im Rührglas – ein hohes, meist dickwandiges Glas mit Ausgießschnabel – mischt man hauptsächlich die im Ergebnis klaren Short Drinks. Dabei werden die Zutaten mit Eiswürfeln durch das Rühren mit einem Barlöffel vermischt und gekühlt. Durch ein Barsieb wird dann in das Trinkglas abgegossen.

Schütteln im Shaker

Beim Schütteln gibt man zuerst Eiswürfel in das Unterteil des Shakers und gießt die Zutaten dazu ❶. Dann wird der Shaker geschlossen und in waagerechter Haltung in Schulterhöhe kräftig geschüttelt ❷. Nach dem Absetzen wird der Shaker geöffnet und durch das Barsieb in das Trinkglas – meist auf frische Eiswürfel – abgegossen ❸.

Zubereitung im Elektromixer

In den Aufsatz des Elektromixers werden Eiswürfel und die Zutaten gegeben ❹. Dann lässt man den

Mixpraxis **5**

Elektromixer laufen ❺, bis alles gut vermischt und gekühlt ist. Abgegossen wird die gesamte Mischung in Gläser – mit oder ohne frisches Eis ❻. Zuletzt wird der Drink mit Früchten verziert.

Shaker

Drei Modelle von Shakern sind auf dem Markt: der zweiteilige aus Silber, der dreiteilige aus Edelstahl mit im Mittelteil eingebautem Sieb und der Boston-Shaker.

Beim Metallshaker wird das Unterteil gefüllt und das Oberteil nach innen eingesetzt. Nach dem Shaken wird aus dem Unterteil abgegossen. Beim Boston-Shaker wird das Glasteil gefüllt. Dies kann bis zum oberen Rand geschehen, da das Metallteil übergestülpt wird. Abgegossen wird aus dem Metallteil.

Profitipp

Barutensilien

Das wichtigste Arbeitsgerät des Barmixers ist der Shaker. Beim dreiteiligen Shaker ist das Sieb im Mittelteil bereits eingebaut. Der zweiteilige Boston-Shaker besteht aus einem Edelstahl- und einem Glasteil, und man benötigt zusätzlich ein Barsieb. Shaker und Elektromixer sind das Herzstück der Ausrüstung. Außerdem benötigt man ein kleines Schneidbrett, ein Barmesser, einen Barlöffel, Flaschenöffner, Messbecher und eine Muskatreibe. Mit einer Eiszange oder Eisschaufel und einem Gefäß für das Eis ist die Ausstattung komplett. Mit Ausnahme des Shakers und des Barsiebs (Strainer) finden sich die meisten Gerätschaften in irgendeiner Form im Haushalt.

Gläser

Das Sortiment an Gläsern hält sich in Grenzen. Longdrinkgläser in verschiedenen Größen und Formen sind die meist verwendete Art. Aber auch Tumbler, Stielgläser und Cocktailschalen werden benötigt. Fancygläser werten durch ihre ausgefallenen Formen jedes Getränk noch etwas auf. Für Heißgetränke können auch Henkelgläser oder Tassen verwendet werden. In der Regel eignen sich die meisten Glasformen für verschiedene Getränkearten. So kann statt einer

Die richtigen Mixutensilien **7**

Schale meistens auch ein Kelch- oder ein Weinglas verwendet werden. Auch Longdrinks kann man zum Teil in Biertulpen oder Ballongläsern servieren.
Im Rezepteteil des Buchs erhalten Sie einige Anregungen, wie sich die verschiedenen Gläser einsetzen lassen. Erlaubt ist alles, was gefällt.

Zubehör

Zum Aufspießen von Früchten benötigt man Cocktailspieße aus Plastik oder Holz. Trinkhalme in verschiedenen Farben und lange Stirrer (Rührstäbe) unterstützen die Optik und eignen sich als Zugabe zu kohlensäurehaltigen Drinks.

Warenkunde

Anis

Die bekanntesten Anisgetränke sind die wasserhellen Anisliköre Anisettes sowie die spanischen Anisados. Des Weiteren gibt es die Anisspirituosen Pernod, Pastis, Ouzo und Raki.

Aquavit

Mit Kümmel und anderen Kräutern und Gewürzen aromatisierte Spirituosen Skandinaviens. Der Name stammt vom lateinischen Aqua vitae – dem Wasser des Lebens. Der Mindestalkoholgehalt beträgt 37,5 % vol.

Armagnac

Ältester Weinbrand Frankreichs und der kleine Bruder des Cognac. Im Südwesten Frankreichs liegt in der Gascogne die Region Armagnac. Man unterscheidet drei Bezirke: Bas-Armagnac, Haut-Armagnac und Ténarèze. Im Gegensatz zum Cognac wird er oft mit Jahrgangs- oder Altersangabe angeboten. Mindestalkoholgehalt 40,0 % vol.

Bitter

Bitter werden aus den Extrakten von Kräutern, Wurzeln, Samen, Früchten, Rinden usw. hergestellt. Die einzelnen Marken sind sehr unterschiedlich und schmecken von herb-süß bis sehr herb. Sie eignen sich vorzüglich zum Genuss als Digestif.

Bitter-Aperitifs

Innerhalb der großen Gruppe der Bitter-Getränke nehmen die Bitter-Aperitifs einen besonderen Platz ein. Das hauptsächliche Unterscheidungsmerkmal ist der geringere Alkoholgehalt. Bitter-Aperitifs werden nicht pur, sondern mit Sodawasser oder auch mit Fruchtsäften getrunken.

Brandy

Die ursprünglich im englischen Sprachraum verwendete Bezeichnung für Wein- und Obstbrände. Fast alle Weinbau treibenden Länder destillieren auch Wein und verwenden dafür diese Bezeichnung. Führend auf dem deutschen Markt sind die spanischen und italienischen Brandys.

Cachaça

Cachaça (sprich: Kaschassa) ist die Nationalspirituose Brasiliens und wird in unzähligen Marken angeboten. Der Rohstoff für den meist wasserhellen Cachaça (es gibt auch mit Karamell getönte) ist das Zuckerrohr. Im Gegensatz zum Rum, der aus Melasse – den Rückständen bei der Zuckergewinnung – hergestellt wird, ist Cachaça ein Destillat aus frischem, grünem Zuckerrohr. Bekannt wurde der Cachaça bei uns erst zu Beginn der 1990er Jahre durch das brasilianische Nationalgetränk, den Caipirinha (siehe Seite 38).

Calvados

Nach dem Cognac und dem Armagnac ist der Apfelbrand Calvados die dritte große Spirituose Frankreichs. Er wird ausschließlich in einer eng umgrenzten Region in der Normandie hergestellt. Seine Besonderheit ist, dass er nicht direkt aus den Früchten, sondern aus einem zuvor daraus gewonnenen Apfelwein, dem Cidre, destilliert wird. Die Geschichte des Calvados geht Jahrhunderte zurück, und erst im 20. Jahrhundert wurde er auch außerhalb der Ursprungsregion bekannt. Calvados ist sehr facettenreich, und besonders die Jahre der Reifung wirken sich bei ihm aus. Junger Calvados schmeckt intensiver nach Äpfeln, älterer ist sanft und weich. Der Mindestalkoholgehalt beträgt 40,0 % vol.

Champagner

Die Heimat des Champagner ist eine recht hügelige Landschaft, etwa 150 Kilometer nordöstlich von Paris. Von dort stammen die edelsten Schaumweine der Welt. Fast alle großen Champagnerfirmen wurden im 18. und 19. Jahr hundert gegründet. Grundlage für fast alle Champagner ist eine Cuvée, d. h. eine Mischung von Weinen verschiedener Jahrgänge, Lagen und Rebsorten. Es gibt aber auch Jahrgangschampagner und Marken, die nur aus Weinen eines Weinbergs bestehen. Es werden nur drei Rebsorten – der weiße Chardonnay und die roten Pinot Noir und Pinot Meunier – angebaut. Neben den Weinen ist die Dosage ein wichtiges Kriterium. Diese erfolgt nach der in der Flasche stattfindenden zweiten Gärung. Dabei wird nach dem Enthefen dem Champagner alter Wein zugegeben, in dem Rohrzucker aufgelöst ist. Das Mischungsverhältnis und die Menge der Dosage bestimmen die Geschmacksrichtung. Je trockener und herber, desto weniger Dosage. Hauptsächlich wird die Dosage Brut (herb), d. h. 0 bis 15 Gramm pro Liter Restzuckergehalt hergestellt. Champagner sollte man kühl und liegend lagern; er ist trinkfertig, wenn er die Kellerei verlässt. Die ideale Trinktemperatur liegt bei 6 bis 9 °C.

Cognac

Cognac ist der berühmteste Weinbrand und eines der bekanntesten Erzeugnisse Frankreichs. Er wird ausschließlich in der im Südwesten des Landes liegenden Charente-Region hergestellt, deren Mittelpunkt die kleine Stadt Cognac ist. Der Cognac verdankt seine Originalität der strengen Abgrenzung des Herstellungsgebiets, den Böden, dem Klima, den Rebsorten und seiner Herstellungsweise. Da Cognac mit wenigen Ausnahmen immer aus einer Mischung verschiedener Destillate besteht, ist es wichtig, die Etiketten interpretieren zu können, um Rückschlüsse auf sein Alter und seine Qualität ziehen zu können. Der Mindestalkoholgehalt beträgt 40,0 % vol.

Genever

Die vor allem in den Niederlanden hergestellte Spirituose zählt zu den Spirituosen mit Wacholder. Man unterteilt in Jonge (Junger) und Oude (Alter) Jenever (Genever). Der Alkoholgehalt liegt meist zwischen 35,0 und 40,0 % vol.

Gin

Gin ist aufgrund seiner Herstellungsweise an kein bestimmtes Land gebunden, doch kommen die meisten und größten Marken aus seinem Ursprungsland England. Dort war er ein Nachfolger des Genevers, den englische Soldaten in Holland kennen gelernt hatten. Um 1800 begann die Zeit, ab der Gin in der heutigen Qualität hergestellt wurde. Gin ist neutraler Alkohol landwirtschaftlichen Ursprungs, der zusammen mit Wacholderbeeren und weiteren aromatischen Zugaben nochmals destilliert wird. Sein Mindestalkoholgehalt beträgt 37,5 % vol.

Grappa

Grappa ist der Tresterbrand Italiens. Er wird aus den Kelterrückständen der Weinherstellung destilliert und hat sich vom einstigen Billigschnaps zur edlen Spirituose entwickelt. Vielfach wird auch sortenreiner Grappa angeboten. Mindestalkoholgehalt 37,5 % vol.

Korn

Klare, wasserhelle Spirituosen werden aus vielen unterschiedlichen Grundstoffen hergestellt. Führend darunter ist der Korn, der als typisch deutsche Spirituose gilt. Er darf nur aus Weizen, Gerste, Roggen, Hafer und Buchweizen hergestellt werden. Korn muss einen Mindestalkoholgehalt von 32,0 % vol aufweisen, für Kornbrand sind 37,5 % vol vorgeschrieben.

Likör

Liköre sind die artenreichste und größte Gruppe unter den Spirituosen. Sie werden aus vielerlei Grundstoffen von süß bis herb und niedrig- bis hochprozentig hergestellt. Die bekanntesten Likörgruppen sind: Kräuter-, Gewürz- und Bitterliköre, Frucht- und Fruchtaromaliköre, Kakao- und Nussliköre sowie Emulsionsliköre. Spirituosen werden der Gattung Likör zugeordnet, wenn sie einen Zuckergehalt von über 100 Gramm pro Liter Fertigerzeugnis aufweisen. Der Mindestalkoholgehalt beträgt 15,0 % vol, die Ausnahme ist der Eierlikör mit 14,0 % vol.

Marc

Marc ist die Bezeichnung für die Tresterbrände Frankreichs. Sie sind wie der italienische Grappa und der deutsche Trester Destillate aus den Kelterrückständen der Weinherstellung. Am bekanntesten sind Marc de Champagne und Marc de Bourgogne.

Obstbrand

Die Obstbrände nehmen im deutschen Spirituosenangebot einen bedeutenden Platz ein. Besonders Produkte aus den obstreichen Gebieten Süddeutschlands, vornehmlich aus dem Schwarzwald, sind in der ganzen Welt ein Begriff. Man unterscheidet zwischen Wässern und Geisten. Wässer werden aus vergorenem Kern- und Steinobst gewonnen, Geiste durch Destillation unvergorener, mit Alkohol angesetzter Früchte. Diese sind in der Regel zuckerarme Beerenfrüchte. Große Herstellerländer sind Frankreich, Schweiz, Italien und Ungarn.

Pisco

Der Pisco ist das Nationalgetränk in Peru und Chile. In Chile ist Pisco ein Branntwein aus Muskatellertrauben, in Peru eher ein Tresterbrand. Da sein Ursprung in Peru lag, wurde er nach der Hafenstadt Pisco benannt.

Port

Portweine stammen aus einem abgegrenzten Gebiet am Oberlauf des Douro im Norden Portugals. Zur Lagerung und Fertigstellung werden sie in die Hafenstadt Porto gebracht. Bei den verschiedenen weißen und roten Rebsorten wird die Gärung durch die Zugabe von Alkohol gestoppt. Portwein wird in vielen Qualitäten angeboten; die bekanntesten sind Tawny, Ruby, White und der Vintage Port. Die Geschmacksrichtungen reichen von herb bis vollsüß, die Farben von sehr hell bis tiefrot.

Rum

Rum stammt hauptsächlich von den karibischen Inseln. Das Ausgangsprodukt ist das Zuckerrohr, aus dem durch Vergären und Destillieren der bei der Zuckerherstellung anfallenden Melasse der Rum gewonnen wird. Die Palette reicht vom leichten, weißen Rum mit zartem Aroma bis zum tiefdunklen, schweren Rum. Der Mindestalkoholgehalt beträgt 37,5 % vol.

Sekt

Die erste deutsche Sektkellerei wurde 1826, fast 100 Jahre nach der ersten Champagnerkellerei in Frankreich gegründet. Neben deutschem Sekt und Champagner wird in vielen Ländern Sekt hergestellt. Die wichtigsten sind Frankreich, Spanien (Cava), Italien (Spumante), die Ukraine (Krimsekt), Österreich und in den letzten Jahren zunehmend auch Kalifornien, Südafrika, Australien und Chile. Führend ist jedoch Deutschland mit rund 500 Millionen Flaschen jährlich.

Sherry

Die Heimat des Sherry ist Andalusien im Südwesten Spaniens. Nur Weine aus dem Anbaugebiet mit dem Hauptort Jerez de la Frontera werden zu Sherry verarbeitet und dürfen sich Jerez-Xérès-Sherry nennen. Fast alle Sherrysorten werden im Soleraverfahren ausgebaut, ein komplizierter, mehrjähriger Reifevorgang, bei dem jüngere Weine mit älteren gemischt werden. Man unterscheidet fünf Grundtypen: Fino, Amontillado, Manzanilla, Oloroso und Cream. Sie sind hellgold bis tiefrot und extrem herb bis vollsüß. Der Alkoholgehalt liegt zwischen 15,5 und 20,0 % vol.

Sirup

Sirupe werden beim Mixen zum Süßen, zur Geschmacksverbesserung und zum Färben verwendet. Sie eignen sich zur Zubereitung von Mixgetränken mit und ohne Alkohol. Seit den 1980er Jahren wuchs die Sortenvielfalt stetig an, und heute werden außer dem Klassiker Grenadine unzählige Frucht- und Aromasorten angeboten.

Tequila

Tequila, das Nationalgetränk Mexikos, wird aus der Agavenart Tequilana Weber gewonnen. Tequila wird wasserhell als »Blanco« oder »Silver« und hellgold als »Gold« oder »Anejo« angeboten. Der Alkoholgehalt beträgt meist 38,0 oder 40,0 % vol.

Vermouth

Vermouth ist ein mit Alkohol verstärkter Wein mit Kräuterauszügen. Am bekanntesten sind italienische und französische Marken. Es gibt Vermouth als Dry, Rosso, Bianco und Rosé. Der Alkoholgehalt liegt zwischen 15,0 und 18,0 % vol.

Wein-Aperitif

Am bekanntesten sind die »Apéritifs à Base de Vin«. Diese werden aus Wein, Mistelle (gegore-

nem Traubenmost mit Alkoholzusatz), Alkohol sowie Kräuter- und Gewürzauszügen hergestellt.

Weinbrand

Weinbrand ist neben dem Korn die bekannteste deutsche Spirituose. Die Bezeichnung wurde von Hugo Asbach geprägt und 1923 in das deutsche Weingesetz übernommen. Seit 1998 unterscheidet man zwischen Weinbrand und Deutschem Weinbrand. Für letzteren gelten höhere Anforderungen und ein Alkoholgehalt von 38,0 % vol (für Weinbrand 36,0 % vol).

Scotch Whisky

Die Geschichte des Scotch Whisky beginnt mit dem Malt Whisky. Weltbekannt wurde er aber durch den Blended Whisky, der heute fast 98 Prozent des Verkaufs bestreitet. Rund 110 Destillerien produzieren in Schottland Malt und Grain Whisky, der in über 2000 verschiedenen Marken angeboten wird. Der Mindestalkoholgehalt beträgt 40,0 % vol.

Irish Whiskey
Irland gilt als die Urheimat des Whiskeys. Irischer Whiskey unterscheidet sich durch die Art der Herstellung vom Scotch Whisky.

American Whiskey
Schottische und irische Einwanderer brachten die Kunst der Whiskeyherstellung in die Neue Welt. Ursprünglich wurde Roggen (Rye) gebrannt, heute eher Mais. Die bekannteste Art ist der Bourbon.

Canadian Whisky
Kanada ist das jüngste Land mit einer großen Whiskyproduktion. Canadian Whisky unterscheidet sich vom US-amerikanischen Whiskey. Er ist sehr sauber und leicht.

Wodka
Das russische (und polnische) Nationalgetränk hatte seinen Ursprung wahrscheinlich in Polen; unzählige Destillerien produzieren bis heute unglaubliche Mengen der Spirituose. Bis zu Beginn des 20. Jahrhunderts war Wodka nur in diesen beiden Ländern bekannt. Erst nach dem Ersten Weltkrieg begannen Emigranten außerhalb ihrer alten Heimat mit der Wodkaproduktion. Der internationale Aufstieg begann dann in den 1960er Jahren in den USA. Seither wird Wodka im großen Umfang auch in Finnland, Schweden, Deutschland, England, Kanada und in den USA hergestellt. Heute besteht Wodka ausschließlich aus Getreide, und im Gegensatz zu anderen Spirituosen versucht man beim Wodka, durch mehrfaches Destillieren und Filtern ein reines, neutrales und weiches Produkt zu erhalten. Der Mindestalkoholgehalt beträgt 37,5 % vol.

16 Berühmte Klassiker

Gin Tonic

4–6 cl Bols Silver Top Dry Gin
Kaltes Tonic Water
1/2 Zitronen- oder
  Limettenscheibe

So wird's gemacht
Einige Eiswürfel in ein Longdrinkglas geben und den Bols Silver Top Dry Gin dazugießen. Mit kaltem Tonic Water auffüllen. Zum Schluss die halbe Zitronen- oder Limettenscheibe und einen Stirrer dazugeben.

Singapore Sling

4 cl Bols Silver Top Dry Gin
2 cl Bols Cherry Brandy
2 cl Zitronensaft
1 cl Bols Grenadine
1 Spritzer Angostura
Sodawasser
1 Zitronenscheibe und
  einige Cocktailkirschen
  zum Garnieren

So wird's gemacht
Alle Zutaten ohne Sodawasser mit Eiswürfeln im Shaker kräftig schütteln und durch das Barsieb in ein Longdrinkglas auf Eiswürfel abgießen. Mit Sodawasser auffüllen. Zitronenscheibe, Cocktailkirschen und Trinkhalme dazugeben.

Alexander

4 cl Asbach Uralt Weinbrand
2 cl Bols Crème de Cacao, brown
4 cl Sahne
Muskatnuss, gerieben

So wird's gemacht
Alle Zutaten – ohne Muskatnuss – mit Eiswürfeln im Shaker kräftig schütteln und durch das Barsieb in ein Stielglas abgießen. Mit geriebener Muskatnuss bestreuen.

Grasshopper

3 cl Bols Peppermint
3 cl Bols Crème de Cacao, white
4–6 cl Sahne
1 Minzeblatt zum Garnieren

So wird's gemacht
Alle Zutaten mit Eiswürfeln im Shaker kräftig schütteln und durch das Barsieb in eine Cocktailschale abgießen. Mit dem Minzeblatt garnieren.

Asbach Sour

4 cl Asbach Uralt Weinbrand
4 cl Zitronensaft
2 cl Orangensaft
2 cl Zuckersirup
1/2 Orangenscheibe und
  1 Cocktailkirsche zum
  Garnieren

So wird's gemacht
Alle Zutaten mit Eiswürfeln im Shaker kräftig schütteln und durch das Barsieb in ein Stielglas abgießen. Einen Spieß mit der halben Orangenscheibe und der Cocktailkirsche über den Glasrand legen.

Profitipp

Asbach

In Rüdesheim am Rhein hat die Weinbrennerei Asbach ihren Sitz. Hugo Asbach gründete das Unternehmen 1892; er prägte den Begriff »Weinbrand« anstelle der damals für deutsche Produkte verwendeten Bezeichnung »Kognak«. Asbach bietet ausschließlich die höchste Qualitätsstufe »Deutscher Weinbrand« in vier Varianten an: die Hauptmarke »Asbach Uralt«, den mindestens acht Jahre gereiften »Asbach Privat«, die Spitzenmarke »Asbach Selection« und den »Asbach Jahrgangsbrand 1972«, eine 28 Jahre gereifte Rarität, die nur limitiert angeboten wird.

Bloody Mary

Pfeffer, Selleriesalz
2 Spritzer Tabasco
3 Spritzer Worcestershire-Sauce
1 cl Zitronensaft
5 cl Moskovskaya Wodka
12 cl Tomatensaft
Schale von 1 Zitrone zum Garnieren

So wird's gemacht
Einige Eiswürfel, Pfeffer, Selleriesalz, Tabasco und Worcestershire-Sauce in ein Longdrinkglas geben und Zitronensaft sowie Wodka hinzufügen. Mit Tomatensaft aufgießen und umrühren. Zitronenschale an den Glasrand stecken.

Moscow Mule

1 Limette
4–6 cl Moskovskaya Wodka
Kaltes Ginger Ale

So wird's gemacht
Einige Eiswürfel in ein Longdrinkglas geben und den Saft von 2 bis 3 Limettenvierteln in das Glas pressen. Die Limettenviertel in das Glas geben, den Wodka dazugießen und mit kaltem Ginger Ale auffüllen.

24 *Berühmte Klassiker*

Piña Colada

- 6 cl Pusser's Rum
- 4 cl Kokossirup
- 2 cl Sahne
- 12 cl Ananassaft
- 1 Stück Ananas und 1 Cocktailkirsche zum Garnieren

So wird's gemacht

Alle Zutaten mit einigen Eiswürfeln im Elektromixer (oder Shaker) gut durchmixen. Ein großes Fancyglas zur Hälfte mit grob zerschlagenen Eiswürfeln füllen und die Mischung dazugießen. Ananasstück und Cocktailkirsche an den Glasrand stecken. Trinkhalme dazugeben.

Profitipp

Herstellung von Crushed Ice

Zur Herstellung von Crushed Ice gibt man Eiswürfel auf ein Küchentuch aus Leinen und faltet es zu einem Beutel zusammen. Diesen legt man auf einen festen Untergrund und schlägt mit einem Fleischklopfer oder einem Holzhammer darauf. Die kleinen Eisstücke gibt man mit einem Löffel in das Glas oder nimmt sie direkt mit dem Glas vom Tuch auf.

Crushed Ice lässt sich auch für eine größere Runde Gäste gut vorbereiten. Dazu gibt man das nicht unmittelbar benötigte zerstoßene Eis in Gläser und stellt diese bis zum Gebrauch ins Gefrierfach.

Strawberry Colada

- 4 cl Appleton Rum White
- 2 cl Bols Strawberry Liqueur
- 4 cl Kokossirup
- 2 cl Zitronen- oder Limettensaft
- 10 cl Ananassaft
- 1 Erdbeere zum Garnieren

So wird's gemacht
Rum, Erdbeerlikör, Kokossirup, Zitronen- oder Limetten- und Ananassaft mit Eiswürfeln im Shaker kräftig schütteln und durch das Barsieb in ein großes Glas auf Crushed Ice (siehe Profitipp auf Seite 24) abgießen. Die Erdbeere an den Glasrand stecken und Trinkhalme dazugeben.

Mojito

- 1 TL feiner weißer Rohrzucker
- Saft von 1/2 Limette
- Sodawasser
- Einige Minzezweige
- 6 cl Appleton Rum White
- 1 geviertelte Limette

So wird's gemacht
Zucker mit Limettensaft und etwas Sodawasser vermischen. Minzezweige hinzufügen, die Stängel mit einem Holzstößel zerdrücken, ohne die Blätter zu beschädigen. Crushed Ice, Rum und die Limettenviertel dazugeben und mit etwas Sodawasser aufgießen. Umrühren und Trinkhalme dazugeben.

28 Berühmte Klassiker

Mai Tai

1–2 cl Limettensaft
6 cl Pusser's Rum
2 cl Bols Triple Sec Curaçao
1 cl Zuckersirup
1 cl Mandelsirup
1 Stück Ananas, 1 Cocktailkirsche und 1 Minzezweig zum Garnieren

So wird's gemacht
In einem großen Tumbler eine geviertelte Limette ausdrücken, Crushed Ice dazugeben. Die Zutaten mit Eiswürfeln im Shaker kräftig schütteln und durch das Barsieb dazugießen. Kurz umrühren und mit dem Ananasstück, der Cocktailkirsche und dem Minzezweig garnieren. Trinkhalme dazugeben.

Whisky Sour

5 cl Grant's Family Reserve Scotch Whisky
3 cl Zitronensaft
2 cl Zuckersirup
1/2 Orangenscheibe und 1 Cocktailkirsche zum Garnieren

So wird's gemacht
Grant's Scotch Whisky, Zitronensaft und Zuckersirup mit Eiswürfeln im Shaker kräftig schütteln und durch das Barsieb in einen kleinen Tumbler auf einige Eiswürfel abgießen. Zum Schluss den fertigen Drink mit der halben Orangenscheibe und der Cocktailkirsche garnieren.

Tequila Sunrise

6 cl Silla Tequila
12 cl Orangensaft
Einige Tropfen Zitronensaft
1–2 cl Grenadine
1 Orangenscheibe
   zum Garnieren

So wird's gemacht
Ein Longdrinkglas gut zur Hälfte mit grob zerschlagenen Eiswürfeln füllen. Die Zutaten – ohne Grenadine – mit Eiswürfeln im Shaker kräftig schütteln und durch das Barsieb in das Glas abgießen. Die Grenadine langsam darüber gießen. Mit der Orangenscheibe garnieren und zwei Trinkhalme dazugeben.

Silla Tequila

Profitipp

Die 1835 in München gegründete und heute in Erding bei München produzierende »Likörmanufaktur« Anton Riemerschmid war das erste Unternehmen, das Tequila nach Deutschland importierte. Dies war 1957, und Tequila war damals ein absoluter Exote im deutschen Spirituosenangebot.
Heute ist der Tequila, Mexikos Nationalgetränk, eine unentbehrliche Basis für viele Cocktails und Longdrinks. Die Silla Tequilas, deren Markenzeichen ein Sattel (Silla) ist, werden als »Silver« und »Gold« angeboten; beide Silla Tequilas haben einen Alkoholgehalt von 38,0 % vol.

Margarita

1 Zitronenviertel
Etwas Salz
4 cl Silla Tequila
2 cl Bols Triple Sec Curaçao
2 cl Zitronensaft

So wird's gemacht
Den Rand einer Cocktailschale in dem Zitronenviertel drehen und in eine mit Salz gefüllte Schale tupfen. Die Zutaten mit Eiswürfeln im Shaker kräftig schütteln und durch ein Barsieb in das Glas abgießen.

Daiquiri

5 cl Appleton Rum White
3 cl Limettensaft
2 cl Zuckersirup
1 Limettenscheibe
 zum Garnieren

So wird's gemacht
Appleton Rum White, Limettensaft und Zuckersirup mit Eiswürfeln im Shaker kräftig schütteln und durch das Barsieb in eine Cocktailschale abgießen. Die Limettenscheibe dazugeben.

Strawberry Margarita

1 Zitronenviertel
Etwas Zucker
4 cl Silla Tequila
2 cl Bols Triple Sec Curaçao
1 cl Bols Strawberry Liqueur
2 cl Zitronensaft
3–5 mittelgroße Erdbeeren
1 Erdbeere zum Garnieren

So wird's gemacht
Den Rand einer Cocktailschale in dem Zitronenviertel drehen und in eine mit Zucker gefüllte Schale tupfen. Die Zutaten mit etwas gestoßenem Eis im Elektromixer gut durchmixen und in das vorbereitete Glas abgießen. Die Erdbeere an den Glasrand stecken.

Profitipp

Zuckerrand

Eine hübsche Dekoration ist ein Zuckerrand am Glas. Dazu wird das Fruchtfleisch eines Zitronenviertels leicht eingeschnitten und darin der Glasrand mit der Öffnung nach unten gedreht. Anschließend tupft man den Glasrand in eine Schale mit Zucker. Durch ein leichtes Klopfen am Glas entfernt man die nicht anhaftenden Anteile. Auch farbige Zuckerränder lassen sich leicht herstellen. Dazu taucht man den Glasrand in eine Schale mit farbigem Sirup und anschließend in den Zucker.

36 *Internationale Top-Drinks*

Kamikaze

- 3 cl Moskovskaya Wodka
- 3 cl Bols Triple Sec Curaçao
- 3 cl Limettensaft
- 1 Limettenscheibe zum Garnieren

So wird's gemacht
Moskovskaya Wodka, Bols Triple Sec Curaçao und Limettensaft mit Eiswürfeln im Shaker kräftig schütteln und durch das Barsieb in einen Tumbler auf einige Eiswürfel abgießen. Die Limettenscheibe zum fertigen Drink dazugeben.

Gimlet

- 4 cl Bols Silver Top Dry Gin
- 2 cl Rose's Lime Juice
- 1 Limettenscheibe zum Garnieren

So wird's gemacht
Alle Zutaten mit Eiswürfeln im Rührglas gut verrühren. In ein vorgekühltes Cocktailglas abgießen und die Limettenscheibe dazugeben. Das Verhältnis von Gin zu Lime Juice lässt sich je nach Geschmack verändern.

Caipirinha

1–2 Limetten
(je nach Saftgehalt)
1–2 Barlöffel braunen
Rohrzucker
6–8 cl Pitú Cachaça

So wird's gemacht
Die Limette(n) vierteln und in einen großen Tumbler geben. Den Zucker darüber streuen. Mit einem Holzstößel die Limettenstücke im Glas ausdrücken. Den Pitú Cachaça dazugeben und mit einem Barlöffel alles gut vermischen. Das Glas mit grob zerschlagenen Eiswürfeln füllen und nochmals umrühren. Zwei kurze, dicke Trinkhalme dazugeben.

Profitipp

Pitú

Cachaça (sprich: Kaschassa) ist die Nationalspirituose Brasiliens und steht in der Beliebtheitsskala bei den Spirituosen nun auch in Deutschland ganz oben. Cachaça ist ein Destillat aus frischem, grünem Zuckerrohr und sollte nicht mit dem Rum verwechselt werden. Die Marke Pitú wurde bereits in den 1950er Jahren von der Münchner Spirituosenfirma Riemerschmid nach Deutschland importiert.

Nach einem langen Schattendasein als unbeachtete exotische Spirituose war Pitú zu Beginn der Caipirinha-Welle verfügbar und belegt seither den ersten Platz in der Hitliste der Cachaças in Deutschland.

Kir Royal

1 cl Védrenne Crème de Cassis
10 cl Schlumberger Sekt
   Sparkling Brut
1 Johannisbeerrispe
   zum Garnieren

So wird's gemacht
Den Védrenne Crème de Cassis in einen Sektkelch geben und mit kaltem Schlumberger Sekt Sparkling Brut auffüllen. Zum Schluss die Johannisbeerrispe an den Glasrand hängen.

Profitipp

Schlumberger Sekt

Mit dem Gründungsjahr 1842 ist das Haus Schlumberger die älteste bestehende Sektkellerei Österreichs. Die auch größte Sektmarke des Landes geht auf Robert Schlumberger zurück, der sich nach jahrelanger Tätigkeit in der Champagne in Wien niederließ. Die Hauptmarke des Unternehmens, der Schlumberger Sparkling Brut, erhält seinen Charakter durch die Welschrieslingtraube und durch die 20 bis 24 Monate dauernde Lagerung auf der Hefe. Für alle Schlumberger Sekte wird die traditionelle Flaschengärung angewandt sowie die so genannte Schlumberger Methode, durch die eine extreme Histaminarmut und somit Bekömmlichkeit erreicht wird.

42 *Feine Happy-Hour-Drinks*

Red Kiss

2 cl Pusser's Rum
2 cl Bols Cherry Brandy
4 cl Ananassaft
10 cl Schlumberger Sekt Sparkling Brut
Cocktailkirschen und Ananasstücke zum Garnieren

So wird's gemacht
Die Zutaten – ohne Sekt – mit Eiswürfeln im Shaker kräftig schütteln und durch das Barsieb in eine große Cocktailschale abgießen. Mit kaltem Schlumberger Sekt auffüllen. Einen Spieß mit Cocktailkirschen und Ananasstücken über den Glasrand legen.

Profitipp

Vorbereitung zur Party

Auch ein großer Ansturm kann von einem Hobbymixer bewältigt werden. Mit wenigen Handgriffen – und ohne Qualitätseinbußen – ist man darauf vorbereitet.

Will man z. B. drei verschiedene Mixdrinks anbieten, so braucht man dazu nur drei Karaffen zu je zwei Liter. In die Karaffen gibt man die zehnfache Menge der einzelnen Rezepturen und rührt gut um. Wenn der jeweilige Drink gemixt werden soll, verfährt man wie sonst auch, muss aber nicht aus jeder Flasche eingießen, sondern mit einem Griff nur aus der Karaffe.

44 *Feine Happy-Hour-Drinks*

Green Monkey

2 cl Bols Grüne Banane
2 cl Bols Blue Curaçao
4 cl Orangensaft
4 cl Sahne

So wird's gemacht
Bols Grüne Banane, Blue Curaçao, Orangensaft und Sahne mit Eiswürfeln im Shaker kräftig schütteln und durch das Barsieb in eine Cocktailschale abgießen.

Midori Sour

5 cl Midori Melon Liqueur
3 cl Zitronensaft
2 cl Rose's Lime Juice
1 Cocktailkirsche zum Garnieren

So wird's gemacht
Alle Zutaten mit Eiswürfeln im Shaker kräftig schütteln und durch das Barsieb in ein Stielglas abgießen. Die Cocktailkirsche dazugeben.

46 *Feine Happy-Hour-Drinks*

Green Sex Machine

4 cl Midori Melon Liqueur
2 cl Rose's Lime Juice
10 cl Schlumberger Sekt Brut
Melonenstücke, Cocktail-
   kirschen und 1 Minzezweig
   zum Garnieren

So wird's gemacht
Einige Eiswürfel in ein Fancyglas geben, dazu Midori Melon Liqueur und Rose's Lime Juice gießen und gut verrühren. Mit kaltem Schlumberger Sekt auffüllen und nochmals leicht umrühren. Mit Melonenstücken, Cocktailkirschen und dem Minzezweig garnieren. Trinkhalme dazugeben.

Profitipp

Midori

Eine der weltweit erfolgreichsten Likörmarken des vergangenen Jahrzehnts ist der klare, grüne Midori Melon Liqueur. Entwickelt wurde er um 1970 von dem japanischen Spirituosen- und Getränkekonzern Suntory, der ihn heute in Mexiko herstellt. Über die USA, das größte Absatzgebiet, fand der Midori seinen Weg in die ganze Welt.

Der hochwertige Likör eignet sich bestens zum Mixen mit Fruchtsäften und Sekt. Midori als Sour, Margarita, Daiquiri oder Colada sind nur einige der Rezepte, die eine interessante Geschmacksvariante bieten.

Royal Strawberry   Pomme d'Amour

1–2 cl Bols Strawberry Liqueur
10 cl Schlumberger Sekt
    Sparkling Brut
1 Erdbeere zum Garnieren

2 cl Calvados Boulard
1 cl Bols Triple Sec Curaçao
1 cl Bols Strawberry Liqueur
10 cl Schlumberger Sekt
    Sparkling Brut
1 Babyapfel zum Garnieren

So wird's gemacht
Den Erdbeerlikör in einen Sektkelch geben und mit kaltem Schlumberger Sekt auffüllen. Die Erdbeere an den Glasrand stecken.

So wird's gemacht
Die Zutaten – ohne Sekt – im Rührglas mit Eiswürfeln verrühren und in ein Longdrinkglas auf einige Eiswürfel abgießen. Mit kaltem Schlumberger Sekt auffüllen und nochmals leicht umrühren. Den Babyapfel an den Glasrand stecken.

Happy Hour

4 cl Silla Tequila
2 cl Blutorangensirup
1 cl Zitronensaft
6 cl Orangensaft
1 Physalis zum Garnieren

So wird's gemacht
Tequila, Blutorangensirup, Zitronen- und Orangensaft mit Eiswürfeln im Shaker kräftig schütteln und in ein Stielglas abgießen. Die Physalis an den Glasrand stecken.

Profitipp

Riemerschmid

Die 1835 in München gegründete »Likörmanufaktur« Anton Riemerschmid erreichte in der zweiten Hälfte des 20. Jahrhunderts einen großen Bekanntheitsgrad als Produzent innovativer Liköre und Spirituosen. Eine davon war die berühmte Wirtschaftswunderspirituose »Escorial Grün«, die als der außergewöhnlichste Likör deutscher Produktion gilt. Den Trend der Zeit erkennend begann man bei Riemerschmid zu Beginn der 1980er Jahre mit der Sirupproduktion. Rund 20 klassische und neu entwickelte Sorten werden heute in zwei Produktreihen angeboten. Es gibt Frucht- und Barsirupe, wobei letztere dünnflüssiger sind und speziell für Profimixer entwickelt wurden.

Scotch & Peach

4 cl Grant's Family Reserve
Scotch Whisky
2 cl Pêcher Mignon
Pfirsichlikör
1 cl Erdbeersirup
2 cl Zitronensaft
10 cl Orangensaft
1 Pfirsichstück und 1 Erdbeere zum Garnieren

So wird's gemacht
Scotch Whisky, Pfirsichlikör, Erdbeersirup, Zitronen- und Orangensaft mit Eiswürfeln im Shaker kräftig schütteln und durch das Barsieb in ein Longdrinkglas auf einige Eiswürfel abgießen. Mit dem Pfirsichstück und der Erdbeere garnieren. Trinkhalme dazugeben.

Profitipp

Pêcher Mignon

»Apéritif à la Pêche« wurde 1984 als erster der damals neuen, leichten Pfirsichliköre auf dem Markt eingeführt. Weiße Pfirsiche aus dem Roussillon sind die Basis. Zur Herstellung werden die Pfirsiche nach unterschiedlichen Verfahren verarbeitet und anschließend vereint. Pêcher Mignon hat einen Alkoholgehalt von 18,0 % vol. Man trinkt ihn on the rocks, mit Sekt als Aperitif und mixt mit ihm Cocktails und fruchtige Longdrinks.

Tallyman's Drink

4 cl Pusser's Rum
2 cl Bols Crème de Bananes
2 cl Zitronensaft
4 cl Orangensaft
Bananenscheiben und Cocktailkirschen zum Garnieren

So wird's gemacht
Alle Zutaten mit Eiswürfeln im Shaker kräftig schütteln und durch das Barsieb in einen Tumbler auf einige Eiswürfel abgießen. Einen Spieß mit Bananenscheiben und Cocktailkirschen über den Glasrand legen. Trinkhalme dazugeben.

White Lady

4 cl Bols Silver Top Dry Gin
2 cl Bols Triple Sec Curaçao
2 cl Zitronensaft
1 Cocktailkirsche zum Garnieren

So wird's gemacht
Bols Silver Top Dry Gin, Bols Triple Sec Curaçao und Zitronensaft mit Eiswürfeln im Shaker kräftig schütteln und durch das Barsieb in eine Cocktailschale abgießen. Zum Schluss die Cocktailkirsche zum Drink geben.

Red Honey

3 cl Drambuie Whisky Liqueur
2 cl Grant's Family Reserve Scotch Whisky
2 cl Zitronensaft
2 cl Orangensaft
1 cl Grenadine
1 Erdbeere zum Garnieren

So wird's gemacht
Drambuie, Whisky, Zitronen- und Orangensaft sowie Grenadine mit Eiswürfeln im Shaker kräftig schütteln und durch das Barsieb in einen Sektkelch abgießen. Die Erdbeere an den Glasrand stecken.

Profitipp

Drambuie

Eng miteinander verknüpft ist die Geschichte des schottischen Freiheitskampfs mit der Legende um die Entstehung des Drambuie. Diese schreibt dem schottischen Thronanwärter Prince Charles Edward III. Stuart die Urheberschaft der Rezeptur zu. Wahrscheinlich aber ist der Drambuie aus alten Hausrezepten entstanden. Er wird aus bis zu 17 Jahre altem Malt Whisky, Grain Whisky, Heidehonig und aromatischen Kräutern hergestellt. Sein Name stammt aus dem Gälischen (»an dram buidheach«) und bedeutet ein Trank, der zufrieden macht.

Vanity

2 cl Bols Silver Top Dry Gin
2 cl Bols Blue Curaçao
1 cl Grenadine
2 cl Zitronensaft
3 cl Ananassaft
1 Physalis zum Garnieren

Adria Look

2 cl Bols Blue Curaçao
2 cl Bols Silver Top Dry Gin
2 cl Zitronensaft
Schlumberger Sekt
   Sparkling Brut
1 Aprikosenstück und
   2 Cocktailkirschen
   zum Garnieren

So wird's gemacht
Bols Silver Top Dry Gin, Blue Curaçao, Grenadine, Zitronensaft und Ananassaft mit Eiswürfeln im Shaker kräftig schütteln und in ein Stielglas abgießen. Zum Schluss die Physalis an den Glasrand des fertigen Drinks stecken.

So wird's gemacht
Die Zutaten – ohne Sekt – mit Eiswürfeln im Shaker kräftig schütteln und durch das Barsieb in ein großes Sektglas abgießen. Mit dem Sekt auffüllen. Das Aprikosenstück an den Glasrand stecken und die Cocktailkirschen in das Glas geben.

60 Feine Happy-Hour-Drinks

White on Top

3 cl Moskovskaya Wodka
3 cl Bols Crème de Cacao, brown
Leicht geschlagene Sahne

So wird's gemacht
Den Wodka und den Crème de Cacao mit Eiswürfeln im Rührglas gut verrühren und durch das Barsieb in ein kleines Stielglas abgießen. Mit Hilfe des Barlöffels die leicht geschlagene Sahne darauf geben.

Side Car

4 cl Asbach Uralt Weinbrand
2 cl Bols Triple Sec Curaçao
2 cl Zitronensaft

So wird's gemacht
Alle Zutaten mit Eiswürfeln im Shaker kräftig schütteln und durch das Barsieb in eine Cocktailschale abgießen.

Carib Breezer

4 cl Moskovskaya Wodka
2 cl **Midori Melon Liqueur**
1 cl **Bols Crème de Bananes**
12 cl Ananassaft
1 Stück Melone und 1 Erdbeere zum Garnieren

So wird's gemacht
Alle Zutaten mit Eiswürfeln im Shaker kräftig schütteln und durch das Barsieb in ein Fancyglas auf einige Eiswürfel abgießen.
Mit dem Melonenstück und der Erdbeere garnieren. Trinkhalme dazugeben.

Profitipp

Eiswürfel

Viel zum Gelingen eines Cocktails trägt das verwendete Eis bei. Es darf, so abwegig es klingen mag, nicht zu kalt sein. Ideal sind deshalb Eiswürfel aus dem Eiswürfelbereiter, die eine Temperatur von 0 °C aufweisen. Eiswürfel aus der Tiefkühltruhe sind mit −15 °C zu kalt.

Zu kalte Eiswürfel lösen sich beim Mixen zu langsam auf, und durch das fehlende Schmelzwasser wird nicht der optimale Kühleffekt erzeugt. Steht kein Eiswürfelbereiter zur Verfügung, sollten Eiswürfel aus der Tiefkühltruhe deshalb einige Zeit vor der Verwendung bereitgestellt werden.

Planter's Punch

- 6 cl Pusser's Rum
- 2 cl Grenadine
- 2 cl Zitronensaft
- 6 cl Ananassaft
- 6 cl Orangensaft
- 1 Stück Ananas und
  1 Cocktailkirsche
  zum Garnieren

So wird's gemacht
Alle Zutaten mit Eiswürfeln im Shaker kräftig schütteln und durch das Barsieb in ein Longdrinkglas auf einige Eiswürfel abgießen. Mit dem Ananasstück und der Cocktailkirsche garnieren. Zwei Trinkhalme dazugeben.

Pink Elephant

- 4 cl Pusser's Rum
- 2 cl Bols Crème de Bananes
- 1 cl Grenadine
- 1 cl Zitronensaft
- 6 cl Grapefruitsaft
- 6 cl Maracujanektar
- 1/2 Orangenscheibe und
  1 Cocktailkirsche
  zum Garnieren

So wird's gemacht
Alle Zutaten mit Eiswürfeln im Shaker kräftig schütteln und durch das Barsieb in ein Fancyglas auf einige Eiswürfel abgießen. Mit der halben Orangenscheibe und der Cocktailkirsche garnieren. Zwei Trinkhalme dazugeben.

66 Fruchtige Tropical Drinks

Island Queen

4 cl Pusser's Rum
2 cl Bols Crème de Bananes
1 cl Erdbeersirup
1 cl Zitronensaft
6 cl Orangensaft
6 cl Maracujanektar
1 Karambolescheibe und
   1 Erdbeere zum Garnieren

So wird's gemacht

Alle Zutaten mit Eiswürfeln im Shaker kräftig schütteln und durch das Barsieb in ein Fancyglas auf einige Eiswürfel abgießen. Mit der Karambolescheibe und der Erdbeere garnieren. Trinkhalme dazugeben.

Profitipp

Pusser's Rum

Er nimmt eine Sonderstellung unter den Rummarken ein. Für ihn werden Rumsorten aus Barbados, Guyana, Trinidad und den British Virgin Islands gemischt. Seinen Namen hat er vom Purser, dem Zahlmeister auf den Schiffen der britischen Marine, der an Bord der königlichen Schiffe den Matrosen täglich zwei Gill Rum (0,284 Liter) zuteilte. Pusser's hat einen vollen, reichen Geschmack und unterscheidet sich als Blend von anderen Sorten. Er wird mit 54,5 % vol (109 Proof) angeboten.

68 *Fruchtige Tropical Drinks*

Green Poison

 4 cl Silla Tequila
 2 cl Bols Blue Curaçao
 2 cl Kokossirup
 2 cl Zitronensaft
10 cl Maracujanektar
 1 Zitronenscheibe und
   1 Cocktailkirsche
   zum Garnieren

So wird's gemacht
Alle Zutaten mit Eiswürfeln im Shaker kräftig schütteln und durch das Barsieb in ein Longdrinkglas auf einige Eiswürfel abgießen. Die Zitronenscheibe mit der Cocktailkirsche an den Glasrand stecken. Trinkhalme dazugeben.

Eldorado

5 cl Silla Tequila
1 cl Bols Triple Sec Curaçao
1 cl Bols Crème de Bananes
4 cl Orangensaft
4 cl Ananassaft
4 cl Bananennektar
1 Orangen-, 1 Limetten-
  scheibe und 1 Cocktail-
  kirsche zum Garnieren

So wird's gemacht
Alle Zutaten mit Eiswürfeln im Shaker kräftig schütteln und durch das Barsieb in ein Longdrinkglas auf einige Eiswürfel abgießen. Mit der Orangen-, der Limettenscheibe und der Cocktailkirsche garnieren. Trinkhalme dazugeben.

Fruchtige Tropical Drinks

Jungle Juice

2 cl Bols Maracuja Liqueur
1 cl Bols Crème de Bananes
3 cl Bols Blue Curaçao
2 cl Sahne
8 cl Ananassaft
1 Ananasstück und 1 Physalis zum Garnieren

So wird's gemacht
Alle Zutaten mit Eiswürfeln im Shaker kräftig schütteln und durch das Barsieb in ein Fancyglas auf einige Eiswürfel abgießen. Das Ananasstück mit der Physalis an den Glasrand stecken. Trinkhalme dazugeben.

Profitipp

Bols Liqueure

1575 eröffnete Lucas Bols einen kleinen Brennbetrieb am Stadtrand von Amsterdam. In einem Holzschuppen begann die Geschichte eines der größten Likörproduzenten der heutigen Zeit. Bis 1969 produzierte Bols an dieser Stelle, seit 1997 befindet sich der Stammsitz in Zoetermeer bei Amsterdam. Bols nimmt seit jeher als Liköranbieter in Deutschland den führenden Platz ein. Über 100 Jahre, von 1890 bis 1995, betrieb Bols in Deutschland eigene Produktionsstätten, und seither beliefert Bols den deutschen Markt direkt aus Amsterdam.

72 *Fruchtige Tropical Drinks*

Fluffy Coconut

4 cl Koko Kanu Coconut Rum
   Liqueur
1 cl Grenadine
2 cl Sahne
8 cl Orangensaft
8 cl Ananassaft
1 Ananasstück und 1 Cock-
   tailkirsche zum Garnieren

So wird's gemacht
Likör, Grenadine, Sahne und Säfte mit Eiswürfeln im Shaker kräftig schütteln und durch das Barsieb in ein Fancyglas auf einige Eiswürfel abgießen. Das Ananasstück mit der Cocktailkirsche an den Glasrand stecken. Trinkhalme zum fertigen Drink geben.

Tropical Red

4 cl Bols Red Orange Liqueur
2 cl Bols Silver Top Dry Gin
6 cl Orangensaft
6 cl Grapefruitsaft
1/2 Orangenscheibe und
   1 Cocktailkirsche zum
   Garnieren

So wird's gemacht
Alle Zutaten mit Eiswürfeln im Shaker kräftig schütteln und durch das Barsieb in ein Longdrinkglas auf einige Eiswürfel abgießen. Einen Spieß mit der halben Orangenscheibe und der Cocktailkirsche über den Glasrand legen. Trinkhalme dazugeben.

74 Moderne Kreationen

Pisang Cooler

4 cl Pisang Ambon
2 cl Moskovskaya Wodka
12 cl Orangensaft
1 Minzezweig zum Garnieren

So wird's gemacht
Alle Zutaten mit Eiswürfeln im Shaker kräftig schütteln und durch das Barsieb in ein Longdrinkglas auf einige Eiswürfel abgießen. Den Minzezweig und zwei Trinkhalme dazugeben.

Profitipp

Pisang Ambon

Das Rezept des Pisang Ambon stammt aus Indonesien, und auch der Name hat dort seinen Ursprung. Pisang heißt eine kleine grüne Bananenart, die auf den Amboninseln wächst. Außer dem Namen hat der leuchtend grüne Pisang Ambon jedoch nichts mit den Bananen gemeinsam. Seine Basis sind exotische Früchte, Kräuter und Gewürze.
In Deutschland wurde Pisang Ambon 1983 erfolgreich eingeführt. Mit diesem geheimnisvollen grünen Likör schloss sich damals auch die Lücke der Farbe Grün beim Mixen. Seit dieser Zeit, in der die Cocktails wieder modern und exotische Fruchtdrinks immer beliebter wurden, ist Pisang Ambon mit seinen leichten 21 % vol eine feste Größe unter den exotischen Fruchtlikören.

Swimming Pool

- 4 cl Moskovskaya Wodka
- 2 cl Bols Blue Curaçao
- 2 cl Sahne
- 4 cl Kokossirup
- 12 cl Ananassaft
- 1 Ananasstück und 1 Cocktailkirsche zum Garnieren

So wird's gemacht

Alle Zutaten mit einigen Eiswürfeln im Elektromixer (oder Shaker) gut durchmixen. Ein großes Longdrinkglas zur Hälfte mit grob zerschlagenen Eiswürfeln füllen und die Mischung dazugießen. Das Ananasstück mit der Cocktailkirsche an den Glasrand stecken. Trinkhalme dazugeben.

Profitipp

Elektromixer

Für den versierten Profi gibt es robuste Elektromixer mit starkem Motor. Für den Hobbymixer sind die heute in fast jeder Küche anzutreffenden Modelle absolut ausreichend. Der Elektromixer kann zum Pürieren von Früchten, zum Sahneschlagen und beim Mixen von Drinks eingesetzt werden, die Sahne, Eier oder Milch enthalten.

Auch zur Zubereitung von Drinks mit Crushed Ice (siehe Profitipp Seite 24) oder bei der Herstellung von größeren Mengen an Cocktails ist der Elektromixer äußerst vorteilhaft.

Yellow Bird

4 cl Pusser's Rum
2 cl Bols Crème de Bananes
2 cl Vanillesirup
6 cl Orangensaft
6 cl Ananassaft
1 Ananasstück und 1 Cocktailkirsche zum Garnieren

So wird's gemacht
Alle Zutaten mit Eiswürfeln im Shaker kräftig schütteln und durch das Barsieb in ein Fancyglas auf einige Eiswürfel abgießen. Das Ananasstück mit der Cocktailkirsche an den Glasrand stecken. Trinkhalme dazugeben.

Naranja Caribe

4 cl Pusser's Rum
2 cl Bols Crème de Bananes
1 cl Vanillesirup
12 cl Orangensaft
1 Orangenscheibe und 1 Cocktailkirsche zum Garnieren

So wird's gemacht
Alle Zutaten mit Eiswürfeln im Shaker kräftig schütteln und durch das Barsieb in ein Fancyglas auf einige Eiswürfel abgießen. Die Orangenscheibe mit der Cocktailkirsche an den Glasrand stecken. Trinkhalme dazugeben.

Springtime Cooler

4 cl Grasovka Wodka
2 cl Bols Blue Curaçao
1 cl Zuckersirup
3 cl Zitronensaft
6 cl Orangensaft
1 Karambolestern und 2 Cocktailkirschen zum Garnieren

So wird's gemacht
Alle Zutaten mit Eiswürfeln im Shaker kräftig schütteln und durch das Barsieb in ein Longdrinkglas auf einige Eiswürfel abgießen. Den Karambolestern an den Glasrand stecken und die Cocktailkirschen in das Glas geben. Trinkhalme dazugeben.

White Ocean

4 cl Bols Maracuja Liqueur
2 cl Bols Grüne Banane
2 cl Kokossirup
3 cl Sahne
10 cl Ananassaft
1 Ananasstück und 1 Erdbeere zum Garnieren

So wird's gemacht
Maracuja Liqueur, Bols Grüne Banane, Sirup, Sahne und Saft mit Eiswürfeln im Shaker kräftig schütteln und durch das Barsieb in ein Longdrinkglas auf einige Eiswürfel abgießen. Das Ananasstück mit der Erdbeere an den Glasrand stecken und Trinkhalme dazugeben.

Greek Dream

4 cl Metaxa »The Greek Spirit«
2 cl Bols Crème de Bananes
1 cl Erdbeersirup
6 cl Orangensaft
6 cl Ananassaft
1 Erdbeere zum Garnieren

So wird's gemacht
Alle Zutaten mit Eiswürfeln im Shaker kräftig schütteln und durch das Barsieb in ein Longdrinkglas auf einige Eiswürfel abgießen. Die Erdbeere an den Glasrand stecken und zwei Trinkhalme dazugeben.

Profitipp

Metaxa

Spyros Metaxa, der Gründer des Unternehmens, beschäftigte sich neben der Weinherstellung auch intensiv mit der Destillation. 1888 stellte er erstmals die von ihm geschaffene Komposition unter dem Namen »Metaxa« vor.

Metaxa wird aus Weindestillat, Wein, Alkohol und natürlichen Aromen komponiert und gehört im weitesten Sinne zur Familie der Weinbrände. Aufgrund dieses Herstellungsverfahrens gilt Metaxa jedoch nicht als Brandy, sondern als griechische Spirituosenspezialität.

The Caledonian

3 cl Grant's Family Reserve Scotch Whisky
2 cl Drambuie Liqueur
4 cl Orangensaft
1 cl Zitronensaft
Kaltes Bitter Lemon
1 Limettenscheibe und
 1 Erdbeere zum Garnieren

So wird's gemacht
Die Zutaten – ohne Bitter Lemon – mit Eiswürfeln im Shaker kräftig schütteln und durch das Barsieb in ein Fancyglas auf einige Eiswürfel abgießen. Mit dem Bitter Lemon auffüllen. Mit der Orangen-, der Limettenscheibe und der Erdbeere garnieren. Trinkhalme dazugeben.

Profitipp

Grant's Scotch Whisky

Das schottische Unternehmen William Grant gehört zu den großen unabhängigen Whiskyproduzenten und belegt mit rund 50 Millionen verkauften Flaschen jährlich den vierten Platz der schottischen Hitliste. Ebenfalls zu Grant's gehört der Malt Whisky Glenfiddich, der 1963 als erster Single Malt ein neues Whiskyzeitalter einläutete. Rund ein Drittel des weltweit getrunkenen Malt Whisky entfällt auf Glenfiddich, der ebenfalls in markanten (jedoch grünen) Dreiecksflaschen angeboten wird.

86 Moderne Kreationen

Simply Red

- 4 cl Moskovskaya Wodka
- 2 cl Bols Red Orange Liqueur
- 6 cl Orangensaft
- 6 cl Maracujanektar
- 1/2 Orangenscheibe zum Garnieren

So wird's gemacht
Alle Zutaten mit Eiswürfeln im Shaker kräftig schütteln und durch das Barsieb in ein Longdrinkglas auf einige Eiswürfel abgießen. Die halbe Orangenscheibe und zwei Trinkhalme dazugeben.

Fruit Romance

- 6 cl XUXU
- 4 cl Bols Maracuja Liqueur
- 6 cl Ananassaft
- 6 cl Maracujanektar
- 1 Ananasstück und 1 Physalis zum Garnieren

So wird's gemacht
Alle Zutaten mit Eiswürfeln im Shaker kräftig schütteln und durch das Barsieb in ein Stielglas auf Eiswürfel abgießen. Das Ananasstück mit der Physalis an den Glasrand stecken. Trinkhalme dazugeben.

Kilimanjaro

4 cl Amarula Wild Fruit Cream
2 cl Moskovskaya Wodka
2 cl Bols Triple Sec Curaçao
12 cl Orangensaft
1/2 Orangenscheibe und
   1 Cocktailkirsche zum
   Garnieren

So wird's gemacht
Alle Zutaten mit Eiswürfeln im Shaker kräftig schütteln und durch das Barsieb in einen Amarula-Elefantenbecher oder ein Longdrinkglas auf einige Eiswürfel abgießen. Mit der halben Orangenscheibe und der Cocktailkirsche garnieren. Trinkhalme dazugeben.

Sex on the Beach

3 cl Moskovskaya Wodka
3 cl Pêcher Mignon
   Pfirsichlikör
6 cl Preiselbeernektar
6 cl Ananassaft

So wird's gemacht
Alle Zutaten mit Eiswürfeln im Shaker kräftig schütteln und durch das Barsieb in ein Longdrinkglas auf einige Eiswürfel abgießen. Trinkhalme dazugeben.

90 *Moderne Kreationen*

Rio Grande

- 2 cl Silla Tequila
- 2 cl Bols Triple Sec Curaçao
- 2 cl Pêcher Mignon Pfirsichlikör
- 12 cl Orangensaft
- 1 Pfirsichspalte und 2 Cocktailkirschen zum Garnieren

So wird's gemacht
Alle Zutaten mit Eiswürfeln im Shaker kräftig schütteln und durch das Barsieb in ein Fancyglas auf einige Eiswürfel abgießen. Die Pfirsichspalte, die Cocktailkirschen und Trinkhalme dazugeben.

Pepper Eater

- 4 cl Silla Tequila
- 2 cl Bols Triple Sec Curaçao
- 6 cl Orangensaft
- 6 cl roter Traubensaft
- 1/2 Orangenscheibe zum Garnieren

So wird's gemacht
Alle Zutaten mit Eiswürfeln im Shaker kräftig schütteln und durch das Barsieb in ein Longdrinkglas auf einige Eiswürfel abgießen. Die halbe Orangenscheibe und Trinkhalme dazugeben.

Pusser's Painkiller

- 4 cl Pusser's Rum
- 2 cl Kokossirup
- 4 cl Ananassaft
- 2 cl Orangensaft
- 1 Orangen-, 1 Zitronenscheibe, 1 Cocktailkirsche und 1 Minzezweig zum Garnieren

So wird's gemacht

Alle Zutaten mit Eiswürfeln im Shaker kräftig schütteln und durch das Barsieb in einen Pusser's Cup oder ein Longdrinkglas auf einige Eiswürfel abgießen. Mit der Orangen- und der Zitronenscheibe sowie mit der Cocktailkirsche und dem Minzezweig garnieren. Trinkhalme dazugeben.

Profitipp

Eigenkreationen

Das Erfinden eines neuen Rezepts ist gar nicht so schwer. Wichtig ist, dass die Zutaten zueinander passen. Beginnend mit dem Sirup gießt man mit einem Messglas die Zutaten in den Shaker, rührt nach jeder Zugabe um und probiert.

Erst wenn alle Bestandteile zugegeben sind und der Drink schmeckt, gibt man das Eis hinzu und schüttelt wie sonst auch. Durch die Kühlung und das Schmelzwasser verbessert sich in der Regel jeder Drink enorm.

Melon Ball

3 cl Moskovskaya Wodka
3 cl Midori Melon Liqueur
6 cl Ananassaft
1 Melonenstück und
  1 Cocktailkirsche
  zum Garnieren

So wird's gemacht
Moskovskaya Wodka, Midori Melon Liqueur und Ananassaft mit Eiswürfeln im Shaker kräftig schütteln und durch das Barsieb in einen Tumbler auf einige Eiswürfel abgießen. Das Melonenstück, die Cocktailkirsche und kurze Trinkhalme dazugeben.

Green Eyes

3 cl Moskovskaya Wodka
3 cl Bols Blue Curaçao
12 cl Orangensaft
1/2 Orangenscheibe und
  2 grüne Cocktailkirschen
  zum Garnieren

So wird's gemacht
Alle Zutaten mit Eiswürfeln im Shaker kräftig schütteln und durch das Barsieb in ein Fancyglas auf einige Eiswürfel abgießen. Einen Spieß mit der halben Orangenscheibe und den grünen Cocktailkirschen über den Glasrand legen. Trinkhalme dazugeben.

Tropicana

4 cl Pitú Cachaça
1 cl Bols Crème de Bananes
1 cl Kokossirup
6 cl Orangensaft
6 cl Maracujanektar
1 cl Bols Blue Curaçao
1 Ananasstück zum Garnieren

So wird's gemacht
Die Zutaten – ohne Blue Curaçao – mit Eiswürfeln im Shaker kräftig schütteln und durch das Barsieb in ein Longdrinkglas auf einige Eiswürfel abgießen. Anschließend den Blue Curaçao darüber geben. Das Ananasstück an den Glasrand stecken und Trinkhalme zum fertigen Drink geben.

Zorro

4 cl Silla Tequila
2 cl Bols Triple Sec Curaçao
1 cl Bols Blue Curaçao
4 cl Grapefruitsaft
10 cl kaltes Tonic Water
1 Orangenscheibe und einige Cocktailkirschen zum Garnieren

So wird's gemacht
Die Zutaten – ohne Tonic Water – mit Eiswürfeln im Shaker kräftig schütteln und durch das Barsieb in ein Longdrinkglas auf einige Eiswürfel abgießen. Mit Tonic Water auffüllen. Die Orangenscheibe an den Glasrand stecken. Einige Cocktailkirschen und zwei Trinkhalme dazugeben.

Corcovado

2 cl Bols Blue Curaçao
1 cl Drambuie Liqueur
2 cl Silla Tequila
Kalte klare Zitronenlimonade
1/2 Orangen-, 1/2 Zitronenscheibe und 1 Cocktail-
  kirsche zum Garnieren

So wird's gemacht
Einige Eiswürfel, Bols Blue Curaçao, Drambuie Liqueur und den Tequila in ein Longdrinkglas geben. Mit der kalten, klaren Zitronenlimonade auffüllen und mit je einer halben Orangen- und Zitronenscheibe und der Cocktailkirsche garnieren. Trinkhalme zum fertigen Drink geben.

Blue Ocean

2–3 dünne Zitronenscheiben
Einige Cocktailkirschen
3 cl Silla Tequila
3 cl Bols Blue Curaçao
1 cl Maracujasirup
6 cl Grapefruitsaft
Kalte klare Zitronenlimonade

So wird's gemacht
Die Zutaten – ohne Limonade – mit Eiswürfeln im Shaker kräftig schütteln und durch ein Barsieb in ein Longdrinkglas auf einige Eiswürfel abgießen. Mit der Limonade auffüllen und leicht umrühren. Die Zitronenscheiben und Cocktailkirschen sowie zwei Trinkhalme dazugeben.

Moderne Kreationen

Irish Lady

4 cl **Bushmills Irish Whiskey**
2 cl **Bols Apricot Brandy**
2 cl **Zitronensaft**
1 cl **Erdbeersirup**
Kaltes Tonic Water
1 Erdbeere zum Garnieren

So wird's gemacht
Die Zutaten – ohne Tonic Water – im Shaker mit Eiswürfeln kräftig schütteln und durch das Barsieb in ein Longdrinkglas auf einige Eiswürfel abgießen. Mit Tonic Water auffüllen und leicht umrühren. Die Erdbeere an den Glasrand stecken und Trinkhalme dazugeben.

Profitipp

Das Abmessen

Wichtig beim Mixen eines Cocktails ist das Abmessen der Zutaten. Der Handel bietet Messbecher aus Metall mit 2-cl- und 4-cl-Eichung an. Man kann aber auch Schnapsgläser mit der gleichen Eichung verwenden.

Grundsätzlich beginnt man mit Sirup oder Sahne, also mit den kleineren Anteilen. Diese kann man noch nach Augenmaß eingießen. Größere Anteile und die zuletzt zugegebenen Liköre und Spirituosen sollte man aber abmessen. Wird ein Drink mit Limonade oder Sekt aufgefüllt, dann direkt mit Gefühl und nach persönlichem Geschmack.

Banana Boat

3 cl Bols Crème de Bananes
3 cl Bols Gin
12 cl Orangensaft
1 Barlöffel Grenadine
1/2 Orangenscheibe und
 1 Cocktailkirsche zum
 Garnieren

So wird's gemacht
Die Zutaten – ohne Grenadine –
mit Eiswürfeln im Shaker kräftig
schütteln und durch das Barsieb in
ein Fancyglas auf einige Eiswürfel
abgießen. Anschließend die Grenadine darüber geben. Die halbe
Orangenscheibe und die Cocktailkirsche dazugeben.

Profitipp

Garnituren

Grundsätzlich verwendet man zum Garnieren eines Cocktails frische, essbare Früchte. Sie sollten mit der Geschmacksrichtung der jeweiligen Drinks harmonieren und im Verhältnis zum Volumen des Drinks stehen, d. h. den Drink nicht mit Früchten überladen.

Für die Garnierung schneidet man die Früchte oder Fruchtstücke ein, steckt sie an den Glasrand, gibt sie direkt in den Drink (z. B. Kirschen oder halbe Zitronenscheiben) oder legt sie aufgespießt über den Glasrand.

Pitú Samba

4 cl Pitú Cachaça
2 cl Bols Triple Sec Curaçao
1 cl Limettensaft
1 cl Mandelsirup
1 cl Limettensirup
1 cl Bols Strawberry Liqueur
1 Erdbeere zum Garnieren

So wird's gemacht
Die Zutaten – ohne Strawberry Liqueur – mit Eiswürfeln im Shaker kräftig schütteln und durch das Barsieb in einen Tumbler auf einige Eiswürfel abgießen. Den Erdbeerlikör darüber geben, und die Erdbeere an den Glasrand stecken.

Zombie

6 cl Pusser's Rum
2 cl Bols Triple Sec Curaçao
2 cl Grenadine
2 cl Zitronensaft
4 cl Orangensaft
4 cl Ananassaft
1 Ananasstück und
 1 Cocktailkirsche
 zum Garnieren

So wird's gemacht
Alle Zutaten mit Eiswürfeln im Shaker kräftig schütteln und durch das Barsieb in ein Longdrinkglas auf einige Eiswürfel abgießen. Das Ananasstück mit der Cocktailkirsche an den Glasrand stecken. Trinkhalme dazugeben.

106 *Starke Night-Cups*

Black Death

4 cl Bols Blue Curaçao
2 cl Silla Tequila
2 cl Grenadine
4 cl Zitronensaft
8 cl Blutorangensaft
1 Zitronenscheibe und
   1 Cocktailkirsche
   zum Garnieren

So wird's gemacht
Alle Zutaten mit Eiswürfeln im Shaker kräftig schütteln und durch das Barsieb in ein Longdrinkglas auf einige Eiswürfel abgießen. Die Zitronenscheibe mit der Cocktailkirsche an den Glasrand stecken. Trinkhalme dazugeben.

Long Island Ice Tea

 2 cl Moskovskaya Wodka
 2 cl Bols Silver Top Dry Gin
 2 cl Silla Tequila
 2 cl Appleton Rum White
 1 cl Bols Triple Sec Curaçao
 1 cl Zitronensaft
10 cl Cola
 1/2 Zitronenscheibe
    zum Garnieren

So wird's gemacht
Wodka, Bols Silver Top Dry Gin, Tequila, weißen Rum, Bols Triple Sec Curaçao und Zitronensaft in ein Longdrinkglas auf einige Eiswürfel geben und gut verrühren. Die Cola darüber gießen und die halbe Zitronenscheibe dazugeben.

Rüdesheimer Kaffee

3 Stück Würfelzucker
4 cl Asbach Uralt Weinbrand
1 Tasse heißer Kaffee
Geschlagene Sahne, mit
  Vanillezucker verfeinert
Schokoladenraspel

So wird's gemacht
Würfelzucker und Asbach Uralt in eine vorgewärmte »Rüdesheimer-Kaffee«-Tasse geben. Den Kaffee bis etwa 2 Zentimeter unter den Tassenrand dazugießen und gut umrühren. Die geschlagene Sahne darauf geben und mit Schokoladenraspeln bestreuen.

Profitipp

Rüdesheimer Kaffee
Während zum Irish Coffee Irish Whiskey gehört, beruht der Erfolg des Rüdesheimer Kaffee allein auf dem Weinbrand Asbach Uralt. Die renommierte Weinbrennerei Asbach in Rüdesheim am Rhein schuf Anfang der 1970er Jahre das deutsche Gegenstück zu dem irischen Muntermacher. Viel zum Erfolg trugen gewiss die stilechten henkellosen Porzellantassen bei, die nach alten Vorbildern mit historischen Motiven aus dem Rheingau bemalt sind. Rund 20 Millionen Rüdesheimer-Kaffee-Tassen wurden bisher verkauft, und nicht zuletzt dadurch ist der Rüdesheimer Kaffee berühmt geworden.

Heiße Drinks

Elefantenkaffee

4 cl Amarula Wild Fruit Cream
1 Tasse heißer Kaffee
Steif geschlagene Sahne
Schokoladenraspel

So wird's gemacht
Amarula in einen vorgewärmten Amarula-Elefantenbecher oder in ein Stielglas geben. Den Kaffee dazugießen und die Sahne als Haube darauf setzen. Mit Schokoladenraspeln bestreuen.

Profitipp

Amarula Liqueur

Der Amarula Wild Fruit Cream Liqueur wurde 1989 in Südafrika erstmals hergestellt. Die Marulafrüchte sind jedes Jahr ein Festessen für die gesamte Tierwelt, und die Auswirkungen, die die angegorenen Marulas haben, konnte man auf höchst vergnügliche Weise in dem berühmten Film »Die lustige Welt der Tiere« beobachten.

Zur Herstellung des Amarula wird zunächst aus den Früchten ein Obstbrand gewonnen. Dieser Marulabrand reift anschließend drei Jahre und wird dann mit Sahne verarbeitet. Mit seinem fruchtig-karamelligen Geschmack ist der Amarula einzigartig unter den Creamlikören. Sein Alkoholgehalt beträgt 17,0 % vol.

Heiße Drinks

Irish Coffee

4 cl Bushmills Irish Whiskey
1–2 Barlöffel brauner Zucker
1 Tasse heißer Kaffee
Leicht geschlagene Sahne

So wird's gemacht
Whiskey und Zucker in ein vorgewärmtes Irish-Coffee-Glas geben und bis ca. 1 Finger breit unter den Glasrand mit heißem Kaffee füllen. Gut verrühren und die Sahne mit Hilfe eines Barlöffels darauf geben.

Profitipp

Bushmills Irish Whiskey

Die berühmte Bushmillsbrennerei liegt im County Antrim an der Nordküste Irlands und ist die einzige Destillerie Nordirlands. Sie gilt als die älteste Whisk(e)y-Brennerei der Welt und besitzt eine originale Brenngenehmigung aus dem Jahr 1608. Alten Schriftstücken zufolge wurde jedoch schon Jahrhunderte vorher an dieser Stelle Getreide gebrannt. Bekannt wurde Irish Whiskey in Deutschland in der 1960er und 1970er Jahren durch Irish Coffee. Dieser hatte seinen Ursprung am irischen Flughafen Shannon, wo damals viele Transatlantikflüge einen Zwischenstopp einlegen mussten. Außer der Hauptmarke, dem »Black Bush«, wird auf dem deutschen Markt auch ein zehn Jahre gereifter Single Malt angeboten.

Über den Autor

Franz Brandl zählt seit Beginn der 1970er Jahre zu den ganz Großen seines Fachs. Als einer der wenigen ausgebildeten und geprüften Barmeister unserer Zeit kann er auf eine erfolgreiche Karriere zurückblicken. In München leitete er u. a. Harrys New York Bar und die Bar in Eckart Witzigmanns weltberühmtem Restaurant Aubergine.

Dank

Wir danken der Firma Underberg AG, Rheinberg, für die freundliche Unterstützung.

Hinweis

Das vorliegende Buch ist sorgfältig erarbeitet worden. Dennoch erfolgen alle Angaben ohne Gewähr. Weder Autor noch Verlag können für eventuelle Nachteile oder Schäden, die aus den im Buch gemachten praktischen Hinweisen resultieren, eine Haftung übernehmen.

Literatur

Brandl, Franz: Alkoholfreie Top-Drinks. Südwest Verlag. 3. Auflage, München 2001
Brandl, Franz: Cocktails mit Alkohol. Cormoran Verlag. München 1997
Brandl, Franz: 100 Top-Drinks. Südwest Verlag. 4. Auflage, München 2002
Brandl, Franz: Cocktails ohne Alkohol. Cormoran Verlag. München 1997
Brandl, Franz: Mixguide. Südwest Verlag. München 1998

Bildnachweis

Alle Bilder einschließlich der Umschlagbilder stammen von Reinhard Rohner, München

Impressum

Der Südwest Verlag ist ein Unternehmen der Econ Ullstein List Verlag GmbH & Co. KG, München.
© 2001 Econ Ullstein List Verlag GmbH & Co. KG, München
2. Auflage 2002

Alle Rechte vorbehalten. Nachdruck – auch auszugsweise – nur mit Genehmigung des Verlags.

Redaktion und Projektleitung:
Dr. Ulrike Kretschmer

Redaktionsleitung:
Dr. med. Christiane Lentz

Bildredaktion:
Andreas Rimmelspacher

Produktion:
M. Metzger (Leitung),
A. Aatz, M. Köhler

Umschlag:
Katharina Schweissguth, München;
Reinhard Soll

Satz / DTP:
Andreas Rimmelspacher,
Seehausen / Staffelsee

Druck und Bindung:
Druckerei Uhl, Radolfzell

Gedruckt auf chlor- und säurearmem Papier

ISBN 3-517-06447-5

Rezepte-register

Adria Look   58
Alexander   18
Asbach Sour   20

Banana Boat   102
Black Death   106
Bloody Mary   22
Blue Ocean   98

Caipirinha   38
Carib Breezer   62
Corcovado   98

Daiquiri   32

Eldorado   68
Elefantenkaffee   110

Fluffy Coconut   72
Fruit Romance   86

Gimlet   36
Gin Tonic   16
Grasshopper   18
Greek Dream   82
Green Eyes   94
Green Monkey   44
Green Poison   60
Green Sex
  Machine   46

Happy Hour   50

Irish Coffee   112
Irish Lady   100
Island Queen   66

Jungle Juice   70

Kamikaze   36
Kilimanjaro   88
Kir Royal   40

Long Island
  Ice Tea   106

Mai Tai   28
Margarita   32
Melon Ball   94
Midori Sour   44
Mojito   26
Moscow Mule   22

Naranja Caribe   78

Pepper Eater   90
Piña Colada   24
Pink Elephant   64
Pisang Cooler   74
Pitú Samba   104
Planter's Punch   64
Pomme d'Amour   48
Pusser's Painkiller   92

Red Honey   56
Red Kiss   42

Rio Grande   90
Royal Strawberry   48
Rüdesheimer
  Kaffee   108

Scotch & Peach   52
Sex on the Beach   88
Side Car   60
Simply Red   86
Singapore Sling   16
Springtime Cooler   80
Strawberry Colada   26
Strawberry
  Margarita   34
Swimming Pool   76

Tallyman's
  Drink   54
Tequila Sunrise   30
The Caledonian   84
Tropical Red   72
Tropicana   96

Vanity   58

Whisky Sour   28
White Lady   54
White Ocean   80
White on Top   60

Yellow Bird   78

Zombic   104
Zorro   96

Sach-
register

Abmessen 100
Amarula Liqueur 110
American
 Whiskey 15
Anis 8
Aquavit 8
Armagnac 8
Asbach 20

Barutensilien 6
Bitter 8
Bitter-Aperitifs 8
Bols Liqueure 70
Brandy 8, 82
Bushmills Irish
 Whisky 112

Cachaça 9, 38
Calvados 9
Canadian Whisky 15
Champagner 9
Cognac 10
Crushed Ice 24

Drambuie 56

Eigenkreationen 92
Eiswürfel 24, 62, 92
Elektromixer 4f., 76

Garnituren 102
Genever 10
Gin 11
Gläser 6f.
Grant's Scotch
 Whisky 84
Grappa 11

Irish
 Whiskey 15, 108

Korn 11

Likör 11, 50, 70, 110

Marc
 de Bourgogne 12
Marc
 de Champagne 12
Metaxa 82
Midori 46

Obstbrand 12, 110

Partyvorbereitung 42
Pêcher Mignon 52
Pisang Ambon 74
Pisco 12
Pitú 38
Port 12
Pusser's Rum 66

Riemerschmid
 30, 38, 50
Rüdesheimer
 Kaffee 108
Rühren 4
Rum 13, 66

Schlumberger
 Sekt 40
Schütteln 4
Scotch Whisky 14
Sekt 13, 40, 46
Sherry 13
Silla Tequila 30
Sirup
 13, 34, 50, 92, 100

Tequila 14

Vermouth 14

Wein-Aperitif 14
Weinbrand 14
Wodka 15

Zubehör 7
Zuckerrand 34